655 2376

BONAPARTE

ET L'ASSEMBLÉE

OU

DEUX CHAMBRES

VALENT MIEUX QU'UNE.

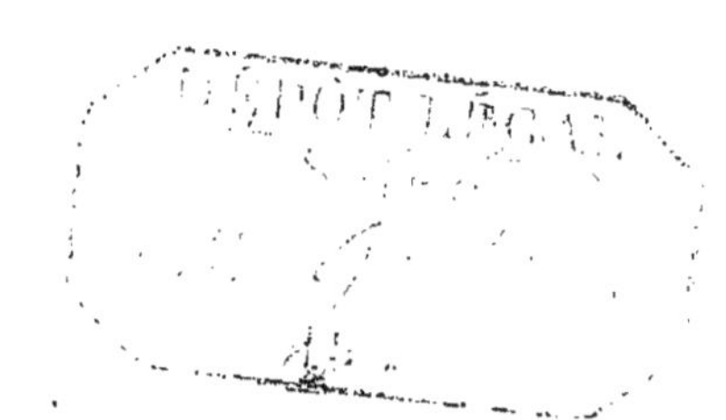

BONAPARTE

ET L'ASSEMBLÉE

OU

DEUX CHAMBRES

VALENT MIEUX QU'UNE.

PARIS

IMPRIMERIE DE E. BRIÈRE,

RUE SAINTE-ANNE, 55.

1851.

AVANT-PROPOS.

Ceci n'est point une oraison funèbre de la défunte assemblée. « L'année a perdu son printemps, » disait Périclès faisant l'éloge des jeunes héros morts pour la défense des lois. L'année n'a rien perdu cette fois : elle paraît même vouloir léguer à sa jeune sœur 1852, qui s'approche, le calme, la paix, toutes les joies qu'elle a si peu goûtées. Mais de la chambre, elle ne s'en soucie guère. Que voulez-vous? Une feuille qui tombe, une assemblée qui s'éteint, une constitution qui meurt, ce sont là des petits drames de fin d'automne, dont la fréquence en ce pays détruit tout l'effet. Et puis on ne plaint que les malheurs involontaires, et la malice gauloise applique aux victimes peu innocentes ce mot toujours vrai, gravé sur le front de Georges Dandin, par Molière : « Tu l'as voulu, Georges Dandin ! »

Longtemps incertain sur la question de savoir si la force législative ne devait pas être concentrée dans une assemblée unique, je fus tout à fait persuadé de la nécessité de sa division, dès que M. Marrast nous eût, dans son prologue à la constitution, déduit les motifs qui, suivant lui, rendaient cette division impossible. On ne saurait croire à quel point une assertion démocratique, un dogme républicain ont de force sur mon intelligence pour me prouver leurs contraires. J'ai cru à la souveraineté du peuple, comme à un mystère auguste et redoutable, tant qu'elle nous a dérobé ses pieds d'argile. J'en ai douté du jour où elle est sortie des bureaux du *National*, pour être acclamée en place publique. Il en fut de même de l'unité et de l'indivisibilité du pouvoir législatif. J'y croirais peut-être encore sans M. Marrast et sa constitution. Qu'on dise, après cela, que les constitutions ne servent à rien.

La conclusion de ce travail, dont le pouvoir législatif est l'objet, est la nécessité d'un sénat au-dessus de la chambre élective, sénat nommé à vie par le chef du pouvoir exécutif. Constitué comme je l'entends, ce sénat serait mieux qu'un pouvoir politique, et surtout moins transitoire, ce serait un pouvoir social : car il a ses racines dans l'état même de notre société. Un pays ne traverse pas des crises comme celles que nous avons subies, sans que ses idées et ses mœurs en soient profondément modifiées. Les haines politiques n'ont toute leur ardeur que dans le silence des agitations sociales. Elles se sont apaisées devant le socialisme.

Le discrédit où était tombée l'assemblée ne
date que du jour où le pays, déjà désabusé
et dégoûté d'un régime anarchique et contra-
dictoire, a vu des représentans s'agiter dans
des intrigues sans issue, à la veille d'un boule-
versement social universellement prévu et re-
douté. Dès lors, l'assemblée ne marchait plus
avec le pays ; le pays l'a abandonnée à ses
discussions stériles, à ses inextricables intrigues. L'événement a prouvé que le pays avait
cent fois raison, et qu'une assemblée, même
sortie du vote universel, n'est pas toujours
l'expression vraie de la volonté nationale.

L'épreuve a d'ailleurs été décisive. Il n'y a
plus en France aujourd'hui que deux camps,
celui de l'ordre et celui du désordre : d'un côté
des propriétaires, de l'autre des pillards ; ici,
les bienfaiteurs du sol, là, ses ravageurs ; les dépositaires vigoureux de la force publique, et des
rebelles ; les dépositaires consciencieux de la
justice, et des criminels ; les dépositaires héroïques de la vérité religieuse, et des athées ; d'un
côté, enfin, tous les intérêts sérieux de la société, et tous les dévouemens pour conjurer ses
périls ; de l'autre, une doctrine appuyée par des
barricades et servie par des coups de fusil, une
charte du désordre en un seul article, ainsi
formulé : *Libre développement de la perversité*

humaine en tous sens. Dans un temps de rénovations sociales comme le nôtre, il faut être enclume ou marteau. C'est un principe que les hommes appelés à sauver une société, une civilisation par les armes, ont tous professé, depuis Charles Martel jusqu'à Louis Napoléon.

La France attaquée sur tant de points à la fois, et d'abord surprise, s'est bien vite reconnue : elle s'est sentie une nation construite avec la propriété, échafaudée sur le travail; une ruche intelligente, animée, sachant ce qu'elle a coûté de temps et d'efforts aux abeilles qui l'ont formée. Jamais il n'y eut de moment plus favorable aux institutions conservatrices que celui où nous sommes. Dans le silence des partis, toutes les forces intelligentes du pays vont prêter un loyal concours au chef de l'Etat, qui a si glorieusement rétabli le sentiment, bien abattu depuis 1830, de la confiance dans le pouvoir. Nous avons voulu, nous aussi, apporter notre pierre à la reconstruction de l'édifice social. Assuré d'avance que le nom de Louis Bonaparte sera demain acclamé par l'immense majorité des Français, nous avons voulu dire dès aujourd'hui ce qui nous paraît la vérité en fait d'organisation du pouvoir.

Paris, 20 décembre 1851.

Perniciem aliis, postremò sibi poperère.

(TACITE.)

Nous savons maintenant à quoi nous en tenir sur le rôle et le sort des assemblées uniques, des chambres sans contrôle ni contre-poids, et de la parole sans frein. S'il est un fait prouvé par l'expérience que nous venons de faire, une idée consacrée par l'épreuve en sens contraire que la France a tentée, c'est que la division du pouvoir législatif en deux chambres est dans les conditions essentielles de tout gouvernement.

Washington lui-même, ce fondateur de république, Washington, éclairé par la pratique du pouvoir dans une démocratie, rappelle dans son testament, comme un principe élémentaire de gouvernement, la nécessité de cette division du pouvoir législatif. *Le diviser*, y est-il dit, *c'est le contenir, et le contenir est non moins nécessaire que l'instituer*. Il importe surtout, dans un pays comme le nôtre, pour que la force législative ne s'épuise pas en efforts superflus, et ne s'avilisse pas par l'abus d'elle-même, il importe de ralentir ce mouvement des assemblées politiques qui les incline au changement, et finit par les soumettre au caprice de l'opinion. *La division du corps législatif*, disait Lakanal à la Convention, dans la séance du 29 messidor an 3, *est nécessaire pour garantir les législateurs de l'activité funeste de l'enthousiasme, et le peuple de l'invasion de sa propre souveraineté*.

Contenir le pouvoir législatif en le divisant, ce n'est pas l'affaiblir, c'est en régler la force, c'est l'empêcher de s'avilir. Ce serait, je le sais, méconnaître les droits du malheur, que de s'autoriser de l'exemple de l'assemblée déchue, et de récapituler ses excès pour prouver sa faiblesse. Il est difficile

cependant, il serait même souverainement inique
de ne la point mettre en cause, quand il s'agit de
reconstituer le pouvoir législatif sur des bases meil-
leures. La chambre, qui vient de finir dans un
orage qu'elle avait provoqué, nous enseigne, par sa
vie comme par sa mort, que le pouvoir d'une assemblée, quand la constitution le décrète unique
et sans mesure, tend par sa nature à se détruire
lui-même, puisque la constitution, en le déclarant
tel, le rend tout à la fois insuffisant et intolérable.

La division de ce pouvoir, au contraire, division
impérieusement réclamée par le vœu de tous, lui
assure la durée, la force et l'indépendance, mais la
durée dans le calme, la force dans la mesure, l'indépendance sans révolte.

La durée d'abord, un des principaux élémens de la force, car on n'aime et on ne craint
que ce qui doit exister longtemps. Aussi les bonnes
lois sont les lois qui durent, et la vieillesse des lois
est non moins respectable que celle des législateurs;
elles prouvent, par le principe de durée qui est en
elles, la bonté de leur origine, et elles assurent le

maintien des institutions qu'elles supportent. Mais les lois, pour durer, veulent être mûrement conçues et sérieusement élaborées ; or, les procédés, appliqués à la confection des lois par une chambre unique, procédés désormais connus et acquis à l'histoire, écartent l'idée même de travail et de suite, et appellent le soupçon d'incapacité sur l'immense majorité, sinon sur l'ensemble de ceux qui la composent. De là le besoin d'une autre assemblée, qui corrige, qui retouche, qui retranche surtout, qui règle enfin la première et maintienne le pouvoir législatif en le pondérant.

Garantie de stabilité dans la constitution de l'Etat, la division en deux chambres est de plus un gage de force, en ce qu'elle élève la loi au-dessus des partis, au lieu de la faire servir à de basses intrigues. Ce qui n'était alors qu'un instrument de désordres, comme nous l'avons vu si souvent, devient un moyen de gouverner, *instrumenta regni*, et les lois concourent au respect de l'autorité qu'elles servaient à détruire. La main qui a fermé et fait disparaître la salle dite de Carton (ce mot qui attestait sa faiblesse) a fermé l'ère néfaste où l'on

faisait du désordre avec les lois ; celle qui va rou-
vrir deux nouvelles enceintes à la libre discussion
et au sérieux labeur des deux nouvelles assemblées,
cette main sera bénie de la France entière, affamée
d'ordre et de pouvoir.

Nous avons dit aussi que c'était assurer l'indépendance du pouvoir législatif que de le diviser.
Et ici, les faits parlent assez haut, ce semble, pour
qu'il soit superflu d'invoquer le raisonnement.
Qu'il nous soit permis cependant d'indiquer l'er-
reur de beaucoup d'esprits, de ceux entre autres
qui avaient produit la constitution de 1848. Ils s'é-
taient bien occupés assurément, dans leur constitution, de régler les rapports du pouvoir législatif
et du pouvoir exécutif, puisqu'ils avaient voulu
confisquer l'un au profit de l'autre, ce qui était
une manière à part de les organiser. Mais ils
avaient oublié une chose, une seule, et cet oubli a
amené le 2 décembre. C'est que ce n'est pas seulement vis-à-vis du pouvoir exécutif qu'il y avait
lieu de garantir l'indépendance du pouvoir législatif, et qu'il a en lui-même un ennemi plus terrible et mille fois plus dangereux, quand il réside

dans une seule Assemblée. Cet ennemi qui les dévore, c'est l'ami que les Chambres invoquent toujours : le peuple, dont la volonté souveraine, immuable, et gravée dans l'histoire, est de vouloir un Bonaparte après une Convention ou même une Législative. La Chambre dont les travaux ont si tristement fini vivrait encore dans le calme et dans l'indépendance, si sa devancière avait su, dans la Constitution qu'elle a faite, se défier un peu plus d'elle-même et un peu moins du pouvoir exécutif. Elle aurait en effet placé entre elle et le Président de la République l'intermédiaire obligé, l'intermédiaire de conciliation, une autre Assemblée plus sage qu'elle.

L'histoire et l'expérience de ces dernières années ne suffiraient pas d'ailleurs pour démontrer les dangers d'une Chambre unique, que je réfuterais encore le système qui lui est favorable, en raison du parti que voudrait en tirer la démagogie, au nom de la souveraineté une et indivisible du peuple. On sait en effet que l'unité absolue du pouvoir législatif, telle que l'avait réalisée la Convention, est encore l'idéal de ses modernes apologistes, et qu'au besoin on trouverait dans les rangs de la démocratie sept cents adeptes pour faire revivre cette implacable unité. Cette raison, sur laquelle nous reviendrons d'ailleurs, suffirait à défaut d'autres ; mais il n'entre pas dans notre plan d'en appeler à la peur, mais bien plutôt à la conscience de chacun.

La constitution de 1848, évidemment hostile au pouvoir exécutif, et pressée d'en finir avec les derniers restes de l'autorité, avait, par une prévoyance dont elle fut la victime, resserré ses attributions, combattu ses plus légitimes tendances et semé sa route d'obstacles et de périls.

Le Président a déblayé le terrain avec la volonté d'y construire. Sa pensée ne s'est point encore manifestée sous une forme définitive. La France l'attend avec respect, et ce n'est que pour répondre à l'appel qu'il a fait à tous que nous voudrions d'avance soulever un coin du voile qui nous cache l'avenir parlementaire du pays.

Nous avons signalé quelques-uns des avantages généraux de la division du pouvoir législatif, il faut voir maintenant si l'ordre social et l'ordre politique du pays comportent deux Assemblées, ou, pour mieux dire, s'ils ne les réclament pas impérieusement.

On a dit en 1848, pour empêcher le retour, possible plus tard, d'une Chambre des Pairs ou d'un Sénat, que l'immortelle conquête de la révolution de 1789 était l'établissement définitif, sur le sol de la France, de l'égalité civile et de l'égalité politique, et qu'au nom de ces deux principes, une Chambre aristocratique était une anomalie. Nous acceptons cette conquête, bien que poussée de notre temps à ses dernières limites, et bien près d'un abîme. Nous l'acceptons, parce qu'elle a déraciné des abus incontestables et incontestés. Nous ne rechercherons pas si elle a été le prétexte, dans ces derniers temps, d'autres abus non moins intolérables peut-être ; nous l'acceptons franchement et sans arrière-pensée. Mais il faudrait être aveugle pour ne point voir qu'à travers l'égalité civile et politique, la démocratie tend à l'égalité sociale ; que l'égalité des citoyens et même des électeurs n'est rien pour elle, tant qu'elle n'aura pas atteint son but : l'égalité de tous par rapport à la propriété, et la suppression de la famille. Le reste n'est rien pour les démocrates.

La pratique du civisme et l'abus de l'électorat leur en avait démontré l'insignifiance et le vide. Ils n'ont voulu de ces droits que pour les avilir, ou bien encore ils les ont acceptés comme un moyen d'excitation et comme un ferment de discorde ; mais s'en contenter, s'y établir, y dresser sa tente, jamais la démocratie ne fut capable d'un tel renoncement, d'un pareil sacrifice ! S'en servir comme d'un moyen de désordre, comme d'une machine anti-gouvernementale, à la bonne heure. Si le mauvais usage d'un droit en appelle la suppression, il y a long-temps que la démocratie devrait avoir perdu les droits civils et politiques du pays. Le pouvoir exécutif, plus sage qu'elle, a maintenu et préservé ces conquêtes du peuple, qu'elle eût infailliblement ruinées, anéanties. L'assemblée, qui était faible, les avait entamées par la loi du 31 mai ; le pouvoir exécutif, qui se sentait fort, les a respectées, et, je le répète, préservées. La démocratie ne lui en sait aucun gré : car elle s'en souciait fort peu.

Son œuvre, à elle, était dans un tout autre sens : subissant, depuis 1789, le joug d'un ordre social qu'elle n'a point fait, qu'elle a toujours voulu détruire, elle a bien senti dans cette longue épreuve où était le point de résistance de cette société. Elle en avait fait son point d'attaque. Aidée par son influence, incontestée dans l'ordre civil et dans les affaires politiques du pays depuis un demi-siècle, elle a d'abord, par un long travail sous terre, corrompu les sources mêmes de la vie sociale, empoisonné les âmes simples de préventions antireligieuses, agrandi et enflammé les sentimens envieux de la population des villes et des campagnes contre les propriétaires, infesté la famille d'idées qui la détruisent, exploité la chimère de M. de Lafayette, d'une garde nationale qui suffise à la défense de l'ordre, assailli l'armée, enivré la bourgeoisie, afin de s'y faire des amis, des soutiens, en attendant qu'elle y choisît ses victimes. Elle se trouvait, il faut l'avouer, merveilleusement aidée par tous les mauvais instincts qui ont de tout temps dormi dans le cœur de l'humanité, mais qu'elle a eu le talent d'y tenir sans cesse éveillés. Elle a été plus loin : à la place de ces sentimens naturels et honorables de famille et de propriété, de ces idées précieuses de travail et d'économie qui conservent le monde, elle a substitué des liens sacriléges et secrets qu'elle a créés avec le génie du mal : je veux parler de ces sociétés secrètes dont le réseau nous enveloppait tous, de cette sorte de jésuitisme occulte organisé par elle pour l'enseignement et la pratique du crime sur la plus vaste échelle qu'on ait vu jamais ; de ces affiliations ténébreuses d'où l'homme du peuple, conduit par la curiosité, quelquefois par la peur, sortait assassin ou parjure avant même d'avoir eu le temps de se reconnaître ; où de détestables sermens et la vue du fatal poignard lui rappelaient sans cesse la triste nécessité d'immoler la première victime désignée par le sort à ses coups, fût-ce son père, fût-ce même sa mère.

Non contente de ces infernales machinations qui reliaient le nord au midi dans la communauté d'une pensée de rage et de destruction, et creusaient sous nos pas l'abîme où la société eût été infailliblement s'engloutir ; non contente d'avoir, en 1848, répandu la désolation dans Paris et si longtemps arrêté le commerce au moyen des clubs et des ateliers nationaux ; non contente de cet impôt forcé des 45 centimes, qui préludait au dépouillement, à l'absorption de la propriété, elle attendait son jour, ce jour de pillage et de destruction générale où il lui serait enfin donné de se produire au soleil et d'établir, par une terrible pratique, cette égalité sociale poursuivie par d'épouvantables théories renouvelées de Babeuf, et qui n'ont jamais eu d'autre niveau que celui d'une guillotine. Grâce à l'énergie du seul pouvoir sérieux, et que n'eût pas atteint la contagion de ces doctrines, nous n'avons eu que l'aube de ce jour néfaste, et maintenant la France, mieux informée, sait à quoi s'en tenir sur les vœux et les prétentions de la démocratie.

Je ne fais pas ici un réquisitoire contre les derniers débris du complot de Lyon. Qu'on se rappelle toutefois ce fait unique, incroyable : ce procès de Gent, où il fut établi que ce dictateur futur disposait, en hommes et en argent, des ressources de plus de seize de nos départemens.

Ainsi s'était formée longtemps à l'avance, et se recrutait tous les jours l'armée qui devait marcher à la conquête de la propriété. Ainsi se préparait la croisade socialiste pour 1852 ; ainsi se grossissaient les bandes armées pour cette jacquerie universelle qui eût couvert la France de ruines et de deuil sans l'énergie et l'instantanéité de la répression.

La société fut en péril parce qu'elle manquait d'institutions pour la défendre ; elle en avait pour la perdre dans la Constitution même qu'elle subissait depuis trois ans. Le socialisme est clairvoyant : sa haine est d'un instinct sûr, infaillible. Là donc où se portait l'attaque, nous serons sûrs de trouver les véritables élémens de la résistance. Or, s'il est un fait démontré aujourd'hui, c'est que tous les coups du socialisme, guidé par sa haine instinctive, étaient dirigés contre la propriété, le clergé, la magistrature et l'armée, ces quatre colonnes de l'ordre social dont il faut étayer tout d'abord la nouvelle chambre, le nouveau sénat que nous voulons édifier.

Que nous faut-il, en effet, après tant d'agitations, tant de bouleversemens, tant d'orages? Il nous faut un pouvoir dont la mission soit d'apaiser, et non d'agiter ; de conserver, et non de détruire ; de guérir, et non d'enflammer les plaies du corps social. Il nous faut enfin une chambre diamétralement opposée d'allures et de principe, aux allures et au principe de la démocratie. Or, nous l'avons vu, le principe essentiel, vital de la démocratie, c'est l'égalité sociale, le nivellement des fortunes poursuivis par elle sans relâche et sans pitié depuis tantôt soixante ans. Opposons-lui donc les ennemis nés de tout socialisme, parce qu'ils sont les représentans mêmes de l'inégalité sociale, les *propriétaires*, et les éternels ennemis du désordre et de l'anarchie, parce qu'ils sont les représentans de la discipline et de la hiérarchie, *l'armée, le clergé et la magistrature.*

La propriété, l'armée, le clergé, la magistrature résument, dans leur expression la plus haute, les quatre forces vives de la société. En composant un sénat de ces élémens essentiellement conservateurs, la nouvelle Constitution, loin de violer les conditions de l'ordre social, les prendra pour bases. On conçoit qu'aux yeux de la démocratie, qui ne s'occupe que du nombre brut de fauteurs de désordre

et d'anarchie qui la peuplent, la France n'est qu'une
vaste proie dont le partage, impatiemment attendu,
excite d'ardentes convoitises, et explique des tentatives récentes. La démocratie passe son niveau éga-
litaire sur ce sol inégal, et, en pensée du moins,
elle abaisse les montagnes, elle comble les vallées ;
mais au contraire, avec les yeux de l'histoire et la
connaissance de notre ordre social, la propriété nous
apparaît sur le sol de la France, si divisée qu'elle
soit, inégalement répartie, inégalement produc-
tive, inégale dans son fond, dans sa forme et
dans ses modifications. Les uns, et ce sont les plus
nombreux, n'ont qu'un échantillon de la propriété ;
mais cet héritage modeste qu'ils tiennent de leurs
pères, ils veulent le transmettre intact, agrandi
même à leurs enfans ; jamais ils n'en feront l'enjeu
d'une théorie socialiste, ils savent trop ce qu'il leur
a coûté de travaux et de sueurs. De ces humbles
débuts de la propriété foncière, nous arrivons,
par une échelle progressive, aux propriétaires
aisés, aux propriétaires riches, à ceux enfin que
relativement nous appelons grands propriétaires, et qui sont non moins utiles et nécessaires
au sol que les petits. Cette inégalité, qui paraît avoir

existé de tout temps sur cette vieille terre de France,
est-elle un mal? est-elle un bien? un mal nécessaire, irréparable; ou au contraire un bien si grand,
que ceux-là même qui l'accusent vivent de ses bien-
faits. Je ne sais; ce que je sais, c'est que cette inégalité existe, et qu'il est impossible dès lors de la
méconnaître et de n'en point tenir compte. Établie
et maintenue sur le sol, par le fait même de l'homme,
elle se retrouve aussi dans les familles. Elle passe des
choses dans les personnes, dans un rapport tel qu'il
est vrai de dire que, sur les grandes propriétés, sont
assises les grandes familles. Ainsi des landes de la
Bretagne à celles de la Gascogne, des collines boi-
sées du Luxembourg et des Ardennes aux embou-
chures du Rhône, des Alpes aux Pyrénées, vit sur
cette terre une race forte et paisible qui tient au sol
par des racines profondes encore, quoique bien entamées, une race dont l'élite forme une sorte d'a-
ristocratie (dans le bon sens du mot) par la perpétuité des familles, des mœurs et des institutions
agricoles, et qui, tout épuisée qu'elle est par ces
dernières années, garde encore une prépondé-
rance marquée dans ces temps de soi-disant démocratie. Tant il est vrai que c'est une chose forte

et vivace que la propriété foncière, et qui a en elle les élémens de stabilité, de conservation si nécessaires à toute société.

Or, ne comprend-on pas que ces hommes, que ces familles, qui confient à la terre le plus solide de leur fortune; qui, pour améliorer le coin du sol de la patrie, qu'ils tiennent de leurs pères, et solder l'armée de travailleurs nécessaires à ces améliorations, se soumettent à toutes les lenteurs apportées à la recomposition des capitaux fonciers, à toutes les dépenses nécessitées par les exploitations rurales, ne comprend-on pas que ces hommes ont besoin de stabilité et de sécurité plus que personne en France; que, non-seulement ils en ont besoin, mais qu'ils y ont droit, et qu'il faut qu'une représentation spéciale leur soit accordée dans une chambre à part au nom même des intérêts d'ordre, de stabilité et de conservation? On pourrait ajouter que, par un bienfait glorieux de sa situation, la propriété, dont la défaite entraînerait la ruine de la société, contribue par ses victoires à assurer son existence, et à accroître la fortune publique. La propriété fournira donc toujours à un sénat ses élémens conservateurs par excellence, et doit y occuper une part digne d'elle et du pays.

Le clergé, par les services signalés qu'il a rendus à la cause de l'ordre, par les conditions mêmes de son institution, qui sont l'unité et l'autorité, a de tout temps offert à la société de telles garanties de paix et de désintéressement, de telles armes contre le désordre et le vice, qu'il mérite à tant de titres d'avoir sa place dans un sénat conservateur. Assurément, si l'on veut composer cette Assemblée dans des vues étroites, exclusives, et ranimer de vieilles haines depuis longtemps éteintes, on en éloignerait le clergé ; si, au contraire, le président de la république, qui a déjà donné tant de gages à l'Église, qui a rétabli l'autorité spirituelle de son chef, indignement violée, et rouvert au culte un temple en vain réclamé depuis vingt ans, a la ferme intention de persister dans cette habile et forte politique, il fera la part du clergé et des intérêts augustes qu'il représente, et il cherchera à s'associer dans le sénat ces maîtres de la discipline, ces inébranlables colonnes de la hiérarchie qu'on appelle les évêques et les archevêques de France. Ils lui ont spontanément offert un concours désintéressé. Il saura reconnaître des services rendus non pas tant à l'homme qu'au principe même de l'autorité qui est en lui.

Quant à l'armée, il est inutile, ce me semble, de refaire son éloge. Les faits parlent d'eux-mêmes. Et, s'il n'était pas injurieux de la mettre en regard de ses indignes adversaires, il serait facile de démontrer qu'entre des hommes inviolablement attachés à la discipline, contens d'une solde modeste, et tout prêts à remporter des victoires sur des ennemis plus dignes de leurs coups; entre ces hommes et leurs lâches agresseurs, ces condottieri vendus à l'émeute quand même, ces chefs de clubs que ne satisferait pas un traitement de maréchal, il n'y a pas à discuter où est le droit. Le droit est où est la défense et le salut de l'État : *tutela salusque reipublicæ*. L'armée a conquis dans ces temps de lutte et de désordre une force morale qu'elle puise dans le sentiment de ses devoirs noblement accomplis, et qui éloigne jusqu'à l'idée même de prétoriens ou de janissaires. La faire siéger en la personne de ses chefs les plus illustres et les plus respectés dans le sénat, c'est reconnaître qu'elle a bien mérité de la patrie. Ses chefs, d'ailleurs, sont aussi bons au conseil que l'épée à la main, et Louis-Napoléon y trouvera toujours les plus fermes appuis de l'ordre et de son autorité.

La magistrature enfin, qui, elle aussi, a une position militante et pleine de périls en ces temps d'agitations sociales, et qui a si noblement porté le poids des affaires et maintenu l'inflexible sévérité de ses arrêts devant la menace et l'insolence de ses éternels ennemis ; la magistrature non plus ne sera pas oubliée. Nous en avons pour garant l'inébranlable résolution du président de s'entourer de toutes les lumières, de faire appel à toutes les capacités et de récompenser tous les dévouemens.

Il suffit de signaler ces quatre grandes écoles de discipline et de conservation, la propriété, le clergé, la magistrature et l'armée, pour prouver qu'il y a dans la société française des intérêts, intérêts puissans, qui veulent être représentés autrement et plus qu'ils ne l'étaient : et dans l'ordre civil, comme dans l'ordre politique, quatre grandes classes d'hommes qui, propriétaires du sol et chefs de familles, ou dépositaires de la force et de la justice, représentent ces grands intérêts. Avant donc de rechercher comment peut être instituée la nouvelle Chambre, nous avons trouvé les représentans qui la composent, et qui la composent nécessairement. Nous sommes remontés à l'origine d'un pouvoir, j'ose le dire, préexistant à son institution même. Tant il est impérieusement réclamé par les besoins de la société.

Reste à savoir comment l'instituer, comment l'établir, et surtout comment l'établir d'une manière fixe et durable. En un mot, sera-ce à l'élection, comme le veulent quelques publicistes, que sera demandée cette institution, que sera confié le sort de cette nouvelle Assemblée?

Je sais bien que l'exemple de la démocratie américaine peut paraître d'un certain poids dans la question. Aux Etats-Unis, en effet, il y a deux chambres, l'une nommée par les législateurs de chaque État: élection à deux degrés, six ans de durée ; l'autre nommée par le peuple : élection directe, deux ans d'existence.

Je ne rechercherai pas si, même aux Etats-Unis, l'une des premières conséquences de ce système n'est pas d'éloigner des affaires les hommes les plus remarquables ; une seconde, de les mettre dans la dépendance absolue des électeurs. Je ne rechercherai pas non plus les dangers de ce système, au point de vue des finances d'un Etat où les lois d'impôts sont votées par ceux qui les craignent le moins, c'est-à-dire par ceux qui n'ont rien. Les Américains ont, je l'avoue, assez habilement éludé les inconvéniens de la démocratie, et y ont été aidés par des circonstances tout exceptionnelles. Aux Etats-Unis, il n'y a jamais eu de parti monarchique, il n'y a que des démocrates sous des noms divers. L'origine de l'Union est une protestation armée de la liberté contre le despotisme. En revendiquant l'indépendance vis-à-vis de la métropole, ils ont trouvé la vraie liberté. Ils y ont été aidés, je le répète, par des conditions uniques dans l'histoire, de temps, de lieux et d'hommes. Quel peuple que celui qui part comme d'un axiome de ce fait

vrai pour lui, puisqu'il est le fait même de son origine : « Tout peuple a droit de changer la forme
de son gouvernement ! » Et cependant, telle est la
base de l'État américain. Irons-nous la lui emprun-
ter ? Non, sans doute ; car il n'y a entre eux et nous
aucune analogie. Tout a été donné dans tout au
peuple américain, sa forme de gouvernement en
même temps que son existence comme peuple. La
Charte de l'indépendance et les États-Unis sont
deux faits contemporains également nouveaux.
Mais nous, nous tenons au passé par des racines
puissantes et fécondes. On n'a pas, sans en garder
les traces, traversé quatorze siècles de monarchie.
Nous ne sommes pas un peuple nouveau sur un sol
tout neuf. La France est un guerrier qui a reçu une
à une les pièces de son armure. Si nous sommes
aujourd'hui, c'est que nous étions hier, c'est qu'à
travers les âges nous continuons une grande per-
sonnalité, et que, dussions-nous disparaître dans
l'avenir, nous aurions encore cette gloire singulière
d'avoir rempli le passé. Aussi, a-t-on quelque
peine à comprendre que certains hommes politiques nous vantent sans cesse la constitution américaine. Le sénat de ce pays lointain et si différent

du nôtre n'a d'autre raison d'être que le principe de l'indépendance des États. C'est le fédéralisme organisé, de même que l'assemblée des représentans répond au dogme de la souveraineté nationale. En effet, les tendances locales sont la sauvegarde de la liberté dans la constitution américaine. Chaque État se meut librement dans une orbite distincte. Et comme les États-unis n'ont pas d'ailleurs de grandes guerres à redouter, l'État fédératif conserve, vis-à-vis d'eux tous, ses avantages sans trahir ses faiblesses. Il faudrait donc ramener la France au fédéralisme pour que ce sénat électif eût une raison d'être.

Ce n'est certes pas chez moi un parti pris d'en vouloir à l'élection qui me rend si rebelle aux exemples tirés de l'Amérique.

L'élection est la plus belle garantie des gouvernés contre les gouvernans ; mais il faut aussi que le pouvoir ait ses garanties vis-à-vis des gouvernés. Ce que je reproche au système américain, c'est de méconnaître chez nous ces garanties essentielles du pouvoir, c'est de bâtir sur le sable et non sur le roc.

Ces deux chambres, diversement élues, ne sont qu'un essai comparé des deux systèmes d'élection, de l'élection directe et de l'élection à deux degrés; du suffrage universel et du suffrage restreint. Le résultat n'est pas douteux. Ici, vous aurez les mandataires directs de la nation, les véritables élus du peuple, ses vrais, ses seuls représentans, les membres du souverain. Là, des mandataires indirects, des représentans de seconde classe, une succursale de l'autre chambre. Il faut donc bien reconnaître que dans ce système il n'y a qu'une assemblée. Il n'y a pas de déplacement du pouvoir, pas d'élément nouveau dans l'organisation du pouvoir législatif; un rouage de plus, et voilà tout.

Cela, d'ailleurs, ne peut pas être autrement, quand on veut rester sur le terrain de la démocratie tout en voulant aussi la division du pouvoir législatif. Le terrain de la démocratie, c'est la loi du nombre brut, basée sur le chiffre de la population. Or là où est le suffrage universel dans son expression la plus pure et la plus forte, là est le souverain, là est la loi, non pas la loi morte et sans organe, mais la loi vivante, la loi faite homme.

Aussi la démocratie est-elle parfaitement logique quand elle ne veut qu'une seule Assemblée basée sur le nombre. C'est le plus énergique moyen d'arriver vite à la loi du plus fort, dernier développement du principe que nous combattons; à savoir : que l'élection est tout chez un peuple libre.

La conquête de tout le gouvernement, de tout le pouvoir par le principe électif pur, est un fait désastreux chez un peuple qui ne sait pas soutenir ses libertés par ses vertus. C'est un fait inique dans un pays où des droits antérieurs se trouvent par là supprimés. C'est un ferment de ruine et de désordre, lorsque par là se trouvent développées les tendances funestes du socialisme, qui, aidées par des institutions politiques favorables, ne manqueraient pas de consommer la ruine publique par l'abolition de la famille et de la propriété.

Jeter tout le pouvoir législatif aux hasards de l'élection même modifiée, c'est précipiter la France dans la démocratie. En vain alors divise-t-on ce pouvoir : c'est l'affaiblir. Ce que veut la démocratie, c'est le remaniement des lois dans un sens démocratique pur. Que lui importe d'y arriver par une ou deux Assemblées? Et comment l'en empêcher, si l'on n'oppose à cette maxime : le peuple est supérieur à la loi, celle-ci : la loi est supérieure au peuple? Si on n'oppose à l'assemblée populaire, à la Chambre démocratique une digue vivante contre la démocratie?

Il y a dans la société, nous l'avons vu, des intérêts d'ordre, de stabilité, de conservation, à défendre de l'invasion de la démocratie. Ce ne sera pas à l'élection que seront confiés ces intérêts. L'élection, en effet, est incapable de créer et surtout de maintenir une Chambre calme, impartiale, homogène. A l'élection, il faut les agitations de la place publique, la guerre des journaux, les affiches monstres, et même un peu de désordre. Et nous cherchons au contraire à garantir ce pouvoir de la fragilité parlementaire, de l'instabilité législative. Nous cherchons pour lui une région sereine, inaccessible aux rumeurs de la foule, *templa serena*. Nous avons eu longtemps sous les yeux les abus, les dangers du système électif pur, base du gouvernement populaire. Nous avons vu à l'œuvre, durant quatre années, ce peuple inconstant et léger, incapable de ménager sa volonté, pressé de l'exprimer sur tout à la fois, emporté par les affaires au lieu de les dominer, occupé, dans sa chambre unique, d'intrigues et de réélections quand il s'agissait des intérêts les plus graves. Nous pouvons juger maintenant et déjà comme à distance, ses lois, leur faiblesse et leur manque de durée. Nous avons vu comment a fini cette Assemblée si fière de ses prérogatives et de sa souveraineté inviolable, si frêle pour les défendre. Comment ne se dirait-on pas, à la vue de ces déplorables conséquences de l'élection, base unique du gouvernement : Au lieu de laisser ainsi la démocratie travailler sur les lois, il faudrait que la loi travaillât sur cette volonté hostile, implacable, comme l'eau-forte sur le fer? Comment enfin ne pas arriver à cette conclusion fixe, inébranlable, que l'élection ne doit pas être tout dans un gouvernement et la seule base du pouvoir législatif, qu'il y a en dehors et au-dessus même de l'élection quelque chose qui doit avoir sa place dans la Constitution : que ce quelque chose est un pouvoir, ou du moins une portion essentielle du pouvoir législatif, pouvoir distinct, *sui generis*; que ce quelque chose enfin sera une Assemblée non élue en face de l'Assembée élue, une Assemblée plus calme, plus homogène, plus élevée par les honneurs, capable de fixer et de maintenir une législation durable, capable d'arrêter au nom de la propriété, au nom de la famille, au nom du chef de l'état, cette main du peuple qui touche à tout à la fois, et qui trop souvent brise ce qu'elle touche; que le principe de ce pouvoir doit être l'autorité, et que sa forme politique enfin doit être déterminée par le chef du pouvoir exécutif, et la nomination de ses membres lui appartenir, afin qu'il y ait en présence de l'assemblée sortie de l'élection et mobile comme elle un pouvoir qui réfléchisse d'une manière éminente la pensée calme et souveraine du chef de l'Etat, et préserve la liberté de la licence?

On a, je crois, fait en France une assez rude épreuve des caprices de la multitude pour en revenir à l'autorité, à la tradition. Qu'est-ce en effet que la tradition, sinon la transmission du droit, la perpétuité des souvenirs et le dépôt de l'expérience placé comme dans une arche législative? La trans-

mission des idées, la perpétuité des souvenirs, c'est
ce que les anciens appelaient *exempla majorum*,
les précédens législatifs, et ce qui formait *Senatûs
autoritatem*, l'autorité du Sénat. Jamais mot ne
rendit mieux la pensée de tous. Ce qu'il nous faut,
en effet, ce sont des législateurs instruits du passé,
prévoyans de l'avenir, des hommes d'affaires et
d'expérience, qui aient eux-mêmes le caractère
d'autorité que donnent le bon sens et l'instruction.

Mais on doit le sentir, le pouvoir, le sénat que
nous cherchons à organiser, si fort que nous le
fassions, est un pouvoir de résistance, c'est-à-dire
un pouvoir qui a besoin de grands appuis. Le
soumettre à des réélections continuelles, c'est l'affaiblir et le déconsidérer avant même que nul ne
l'exerce. L'homme est ainsi fait que des fonctions
transitoires et bornées à un court espace de temps
ne sont pas pour lui du même intérêt que des
fonctions dont il est investi pour toute la durée de
son existence. Il ne prend pas le même souci de la
dignité d'un corps dont il ne fait partie que tempo-
rairement, que d'une institution où il a des racines.
Il est d'ailleurs dans une dépendance plus étroite

du pouvoir, qui suspend sur sa tête la menace d'une dissolution prochaine. Donner ce pouvoir *à vie*, c'est donc le fortifier et l'affranchir, c'est en même temps répondre à un besoin de la nature humaine et réveiller le mobile de ses meilleurs instincts et de ses plus nobles travaux, par l'espérance laissée au père que s'il ne transmettra pas ce pouvoir à son fils il lui léguera du moins l'héritage de considération et de légitime influence attaché à de hautes fonctions longtemps exercées. L'entourer d'honneurs et de prérogatives, c'est l'élever encore aux yeux des hommes, le rendre jaloux de sa propre dignité et de sa conservation, et donner à la société le spectacle de nobles fonctions noblement remplies, spectacle dont la république de 1848 fut assurément fort avare.

Nous arrivons ainsi à la formation d'un sénat conservateur, nommé à vie par le chef de l'Etat, composé des grands propriétaires et des grands dignitaires du clergé, de la magistrature et de l'armée.

Objectera-t-on ce qui était malheureusement

vrai après 1793 : que nous n'avons pas les élémens
d'une chambre haute. Mais ce qui était une triste
vérité en ces temps où les Tarquins de la terreur
avaient fauché toutes les hautes tiges, ne l'est pas
de nos jours. Nous avons pu même indiquer les
membres futurs du sénat et cela sans indiscrétion :
car nous n'avons fait qu'énumérer quatre grandes
catégories parmi lesquelles le chef du pouvoir aura
la liberté du choix.

Dira-t-on qu'un tel pouvoir sera irresponsable ;
mais il n'y a plus de pouvoir irresponsable aujourd'hui.

Assurément, les conditions de responsabilité ne
seraient plus les mêmes pour la chambre haute et
pour la chambre des représentans, pour un pouvoir viager et pour un pouvoir électif ; mais qu'importe ? Dans tous les cas et dans le sens le plus
démocratique du mot, la responsabilité n'est jamais absolue, mais seulement relative, et peut
varier suivant la nature des pouvoirs. Si, par responsabilité, vous entendez cette responsabilité
exorbitante imposée au pouvoir au profit de la

conscience publique qui rend le pouvoir responsable des fautes des gouvernés, je nie qu'il soit nécessaire de rendre le sénat responsable; si, au contraire, vous entendez par là la publicité des votes et la liberté modérée de la presse, je l'accorde. Est-ce à dire que l'on veuille mettre le pouvoir législatif à la merci du peuple, tout à la fois juge et accusateur, je le nie. Est-ce au contraire la crainte légitime que ces hauts fonctionnaires soignent leurs propres intérêts aux dépens de l'Etat, je l'accorde; mais alors vous n'avez qu'à ne pas donner à la chambre haute le vote direct de l'impôt et à lui laisser le seul veto.

Il faut, enfin, que le pouvoir législatif soit constitué sur ses véritables bases, organisé, j'ose le dire, contre la démocratie. D'où vient le danger de la société? Est-ce des tentatives aristocratiques pour relever un passé qui n'est plus? N'est-ce pas plus tôt, et avec une redoutable évidence, des entreprises de la démocratie? Ses prétentions de tout envahir sont-elles une chimère; son programme formulé naguère encore une illusion? La démocratie ne veut pas des moyens termes : on lui doit cette justice qu'elle marche droit au but. Lui opposer des demi-mesures, des barrières impuissantes, à quoi bon? Il faut mesurer la résistance à l'attaque. Les démocrates veulent, et ne s'en sont jamais cachés, une chambre unique, basée sur le chiffre numérique de la population. Le calcul est fort simple. Prenons la population pour base, le suffrage universel pour moyen. Infailliblement ceux qui n'ont rien, les représentans de ceux qui n'ont rien, doivent finir par former la majorité de cette chambre unique ainsi constituée? Les lois d'impôts étant votées par eux, ils deviendront maîtres de la fortune publique, et, par elle, maîtres de tout dans l'État. Dans un pareil système tout est absorbé, tout, même les lois ; le nombre faisant loi, et la loi du nombre n'étant autre chose que la loi du plus fort. Quelle protection pour les intérêts les plus recommandables, pour les institutions les plus nécessaires? Aucune. La démocratie sait où mène cette voie là. Elle sait que la liberté y périrait la première, et loin de reculer, elle avancerait avec d'autant plus de joie ! Car la liberté n'est pas ce qu'elle aime. Mais elle sait aussi qu'une telle chambre ne peut en aucun cas agir en harmonie, ni même exister concurremment avec un chef sérieux de l'État, avec une chambre des pairs nommée par lui, avec une Eglise établie. Et c'est là ce qui lui plaît en ce système.

A des doctrines aussi radicales il en faut opposer d'autres non moins absolues. Contre un mal aussi terrible, il faut des remèdes héroïques et non des palliatifs. La division du pouvoir législatif n'est rien, si le pouvoir exécutif se trouve à la merci de deux assemblées électives au lieu d'une seule ; c'est éterniser un conflit, dont nous avons vu les tristes conséquences. Ce qu'il faut, ce que demande le pays, ce sont deux chambres, l'une nommée par le peuple, sérieusement consulté et soigneusement séparé de tout ce qui n'est pas le peuple ; l'autre nommée par le pouvoir, nommée à vie, et essentiellement conservatrice : toutes deux se mouvant dans une sphère distincte, chacune maîtresse chez elle, mais n'ayant cependant la plénitude de la puissance législative que par leur accord, et réglées toutes deux par des lois communes dans leurs relations avec le pouvoir exécutif, de peur que, ne s'élevant au-dessus de tout, elles ne détruisissent leurs propres décrets ; réglées en outre l'une par

l'autre, puisque l'une est faite pour servir de con=
trepoids à l'autre.

Telle est la véritable organisation du pouvoir législatif, basée sur les conditions essentielles de
l'ordre social. Au-dessus des vains travaux de la
Constituante et de la Législative, il y a des lois fon-
damentales qui régissent les cités et les empires ;
des lois imprescriptibles partant de principes certains, fixes, inébranlables, tirés de la nature même
des sociétés et de la nature particulière de l'homme.
Une de ces lois, qui est un impérieux besoin de la
nature humaine, c'est que l'homme social (je ne
parle pas des sauvages) veut et doit être gouverné.
Tout gouvernement, nous l'avons vu, est impossible, si, entre le pouvoir exécutif et la chambre
élective, la constitution ne place pas un intermédiaire, et ne prévient pas le conflit de ces deux
forces, toutes deux absolues, et toutes deux agis-
sant en sens contraire. Une chambre unique cherchera toujours à absorber tous les pouvoirs, même
l'exécutif ; elle n'en conservera aucun. De là la
nécessité d'une autre assemblée, qui tire sa force
même du pouvoir, et soit avant tout un élément

de gouvernement, une force conservatrice. Le type de cette assemblée dans les circonstances présentes serait un sénat nommé à vie par le chef du pouvoir exécutif, et se recrutant dans ces quatre grandes catégories : la propriété, le clergé, la magistrature et l'armée, qui sont elles-mêmes les quatre grandes forces des sociétés modernes. Telle a été la pensée, le but et l'objet de ce travail.

Le dogme de l'omnipotence parlementaire qui dicta la Constitution de 1848 est, je le sais, contraire à l'institution d'une telle chambre, parce que la condition même de cette omnipotence est la concentration de tous les pouvoirs, même l'exécutif, dans une seule assemblée. Mais ce dogme a fait son temps : on sait que cette concentration n'est, à vrai dire, que l'absorption et l'anéantissement complet de tous les pouvoirs au profit de la multitude ; que jamais une telle assemblée n'a créé un atome de force ; qu'elle a toujours subi la tyrannie des masses, la pire de toutes. En vain donc, on revendique l'omnipotence parlementaire au nom de la liberté et de la dignité nationales. L'histoire est là qui proteste. C'est au nom de cette omnipotence, en effet, que furent décrétés durant tout le cours de la révolution les mesures les plus vexatoires, les plus effrayantes proscriptions, les plus honteux assassinats. C'est au nom de cette omnipotence qu'on a vu deux partis s'entr'égorger dans une enceinte soi-disant législative, et l'un dévorer l'autre, aux applaudissemens soi-disant patriotiques des tribunes. De nos jours, cette omnipotence, moins terrible, peut-être, mais non moins dangereuse, inhabile à ressaisir une puissance et un rôle qui n'étaient plus à sa taille, a tenté d'arracher le pouvoir aux seules mains à qui la France le voulût confier. Incapable de construire, s'est-elle du moins jamais opposée aux démolisseurs? Qu'a-t-elle empêché? A-t-elle arrêté les envahisseurs des Tuileries au 10 août 1792, et ceux de l'Assemblée nationale au 15 mai 1848? A-t-elle jamais prévu les coups qui lui furent portés, et, ce qui est plus grave, ceux qui étaient destinés à la France?

En 1848, comme en 1792, tout s'est passé par dessus sa tête. Elle est l'éternel témoin que le peuple choisit et invoque dans ses jours de désordre, l'éternel ennemi que le pouvoir rencontre dans son œuvre réparatrice. Suivez-la depuis quatre ans : elle a laissé tout faire, tout subi, tout encouragé par sa faiblesse, de la part de la démagogie : elle a tout empêché, tout arrêté du côté du pouvoir. Le socialisme lui doit ses victoires partielles ; elle n'est pour rien dans sa répression définitive.

En revanche, dix ministères renversés dans l'espace de quelques mois attestent, en même temps que son humeur changeante, ses efforts persévérans pour perpétuer la lutte avec le pouvoir, et sa rage impuissante contre tout essai de gouvernement. Veut-on la continuation d'un système qui mène droit à l'anarchie ? l'omnipotence parlementaire en est le plus sûr instrument. Veut-on, au contraire, de l'ordre et de l'autorité à la base et au sommet de l'édifice ? tenons-nous en aux conseils de l'expérience, et reprenons l'œuvre tentée en 1799 et en 1802. On trouvera là les véritables principes de gouvernement, et je ne crains pas de le dire après Montesquieu (1), les seules garanties de la vraie

---

(1) La division des pouvoirs est le seul moyen d'assurer la liberté chez un peuple. (MONTESQUIEU).

liberté. Le génie d'un législateur unique, comme Napoléon, l'emportera toujours sur la multiplicité des législateurs de seconde et de troisième classe, et la raison individuelle acceptera toujours, quand il s'agit de la destinée d'un peuple, les conseils et la tactique du restaurateur de la société Française.

Paris. — Imprimerie de E. Brière, rue Sainte-Anne, 55.